Träume

Hermann Richter

Träume

Ein Stück nah am Schauspiel *Die Räuber* von Friedrich
Schiller – aber doch im Hier und Jetzt

Bibliografische Information der Deutschen Nationalbibliothek:
Die Deutsche Nationalbibliothek verzeichnet diese Publikation
in der Deutschen Nationalbibliografie; detaillierte bibliografische
Daten sind im Internet über http://dnb.dnb.de abrufbar.

Das Aufführungsrecht an diesem Stück hat
Claudia Sichelschmidt-Zimmer.
Kontakt über rainer-hemer@web.de

© 2019 Hermann Richter
Satz, Umschlaggestaltung, Herstellung und Verlag:
BoD – Books on Demand, Norderstedt

ISBN: 978-3-7494-6133-2

Inhalt

Vorwort

Als ich im vergangenen Jahr Friedrich Schillers Schauspiel »Die Räuber« im Theater gesehen habe, war es wie eine Zeitreise in meine Jugend. Wieder diese unglaubliche Wucht des Stückes, wieder mein Unverständnis an so mancher Stelle des Schauspiels.

Was hatte das Programmheft nicht alles versprochen:

> Karl Moors Räuberbande als Gang heutiger Tage …
> Jugendliche setzen leichtsinnig ihre Zukunft aufs
> Spiel … deutscher Schauspielklassiker … eine zeitlos
> aktuelle Geschichte … ungeheure Spannung …

War es also wie angekündigt, eine Gang heutiger Tage aus einem problematischen Viertel einer beliebigen Stadt? Nein …

Was hat man diesem Schauspiel nicht schon alles angetan:

> Spiegelberg mit Trotzki-Spitzbart als Theoretiker der
> permanenten Revolution, ein Stück über die erotische
> Verklemmung von Jugendlichen, Franz, der auch körperlich ekelhafte Franz von Moor …

Kann man überhaupt »Die Räuber« einfach so ins Heute übertragen, die Sprache, die Handlung und und und …

Tief in der Nacht kam die Idee. Ich hatte doch vor Wochen mit großer Begeisterung »Kiss Me, Kate« von Cole Porter gesehen. In diesem Musical über eine bunte Gruppe von Schauspielerinnen und Schauspielern wird Shakespeares »Der Widerspenstigen Zähmung« als Stück im Stück gespielt.

So begann die Arbeit: Eine vom Jugendgericht auf Bewährung verurteilte Jugendbande muss beim kommenden Stadtfest in der vom Jugendtheater geplanten Aufführung des Schauspiels »Die Räuber« von Friedrich Schiller die Räuberbande spielen.

Also alles ganz nah an Schillers Räubern, aber doch im Hier und Jetzt.

Hermann Richter

Die Personen

Max   Karl von Moor, Mitglied der Jugendbande

Aicha   Amalia

Ufuk   Bruder von Aicha, Mitglied der Jugendbande

Roman   Mitglied der Jugendbande

Oleg   Mitglied der Jugendbande

Martin   Theaterpädagoge

Memed   Inhaber des türkischen Ladens

Polizisten

1. Szene

Vier Jugendliche warten im Jugendzentrum auf den Theaterpädagogen Martin. Sie tragen die in diesem Alter üblichen Klamotten, haben lange, wilde Haare, Ufuk einen Zopf. Sie haben kleinere Straftaten begangen und sind vom Jugendgericht auf Bewährung verurteilt worden. Die Bewährung gilt nur, wenn sie beim kommenden Stadtfest in der vom Jugendtheater geplanten Aufführung des Schauspiels »Die Räuber« von Friedrich Schiller die Räuberbande spielen.
Gelangweilt lesen sie in ihren Texten, hören über ihre Kopfhörer Musik ...

Roman: Was für eine langweilige Story ist das nur? Dieser Karl von Moor wird von seinem Vater enterbt und gründet eine Räuberbande.

Oleg (lacht): Wir brauchen keinen durchgeknallten Vater. Wir vier sind Freunde. Wenn's sein muss, auch 'ne Räuberbande.

Roman (theatralisch): Ich darf immerhin morden. Ich werfe ein Baby, dem es zu kalt ist, zum Aufwärmen ins Feuer.

Ufuk: Wer soll denn so was glauben? Da liebt diese Amy den Karl von Moor und erkennt ihn bei dem Treffen im Garten nicht.

Max: Ufuk, die heißt Amalia und nicht Amy. Wird deine Schwester die Amalia spielen?

Ufuk: Aicha möchte es unbedingt, aber mein Vater will es nicht. Meine Mutter unterstützt wie immer ihren Engel und bearbeitet fast täglich meinen Vater.

Der Theaterpädagoge Martin betritt den Raum und betrachtet kritisch die Gruppe.
Er hat Schillers »Räuber« überarbeitet und will das Stück mit Jugendlichen aus der Stadt beim kommenden Stadtfest Open Air aufführen.

Martin: Ich hoffe, ihr habt in den letzten beiden Tagen den Text gelernt. Beim letzten Mal war es echt scheiße. Ein Hänger auf der Bühne ist das Schlimmste, das darf nicht passieren. Max, wir proben zunächst die Stelle, wo Karl von Moor den Brief des Vaters liest.

Max stellt sich auf seinen Platz und trägt teilnahmslos Schillers Originaltext vor.

Karl von Moor: Unglücklicher Bruder! Nur kürzlich muss ich dir melden, dass deine …

Martin unterbricht: Nimm die Hand aus der Hosentasche, noch mal anfangen.

Karl von Moor: Unglücklicher Bruder! Nur kürzlich muss ich dir melden, dass deine Hoffnung vereitelt ist – du sollst hingehen, lässt dir der Vater sagen, wohin dich deine Schandtaten führen …

Martin (brüllt): Stopp, verdammt noch mal. Max, du liest hier nicht den Wetterbericht vor, du spielst die Schlüsselszene dieses Schauspiels. Noch mal anfangen.

Karl von Moor: Unglücklicher Bruder! Nur kürzlich muss ich dir melden, dass deine Hoffnung vereitelt ist – du sollst hingehen, lässt dir der Vater sagen, wohin dich deine Schandtaten führen. Auch sagt er, werdest du dir keine Hoffnung machen, jemals Gnade …

Martin (resigniert): Ihr begreift alle nicht, worum es hier geht. Da wird ein junger Mann verstoßen. Aufgrund einer Lüge seines Bruders wird seine Zukunft zerstört.

Max (genervt): Diese Sprache, diese Probleme. Was hat Karl von Moor denn schon Schlimmes gemacht?

Martin: Max, du hast doch sicher Schillers Räuber in der Schule besprochen. Du weißt doch, worum es geht.

Max: Genau genommen haben wir unter der Beschäftigung mit diesem Schauspiel gelitten. Unser Deutschlehrer hat uns gequält. Zum Abschluss eine vierstündige Klausur. Thema 1: Der Einfluss von Shakespeares Richard III. auf die Figur des Franz Moor.

Martin (schmunzelt): Respekt, und das 2. Thema?

Max: Gibt es Ähnlichkeiten zwischen dem Don Quijote aus Miguel de Cervantes' Roman »Don Quijote de la Mancha« und Friedrich Schillers Karl von Moor aus dem Schauspiel »Die Räuber«?

Martin: Donnerwetter, das ist schon Uniniveau. Was hast du genommen?

Max: Thema 2. Ging schneller. Musste da nicht so viel nachdenken.

Martin (lächelt): Bei Schiller ist Schnelligkeit kein guter Ratgeber. Die komplette Aufführung dauert mal eben fünf Stunden.

Max (fasst sich an den Kopf): Das Quälen ging ja noch weiter. Bei unserem Deutschlehrer hatten wir auch Geschichte. Wochenlang mussten wir den Treueschwur aus Schillers Räuber mit dem Schwur auf Adolf Hitler im 3. Reich vergleichen. Der Herr Doktor phil. war besessen von dem Glauben, dass das deutsche Verständnis von Treue mit Schillers Räuber seinen tragischen Höhepunkt erreicht hat. Er war überzeugt, dass der Widerstand gegen Hitler, ohne dieses, wie er es nannte, »völlig idiotische Treuegefasel«, früher und entschiedener begonnen hätte.

Martin (nachdenklich): Max, dir ist ja nun alles wieder eingefallen. Da Jonas heute nicht da ist, spreche ich die Szene, wo Franz von Moor dem Vater die Lügen auftischt.

Max ballt die Fäuste und wendet sich ab. Oleg und Roman verdrehen die Augen.

Franz von Moor: Gestern um Mitternacht hatte Karl den großen Entschluss, nach vierzigtausend Dukaten Schulden, nachdem er zuvor die Tochter eines reichen Bankiers allhier entjungfert und ihren Galan, einen braven Jungen von Stand, im Duell auf den Tod verwundet hat, mit sieben anderen, die er mit in sein Luderleben gezogen hat, dem Arm der Justiz zu entlaufen.

Martin (sehr ernst): Karl von Moor wird nun per Steckbrief gesucht, ein Preis ist auf seinen Kopf gesetzt. Der Name Karl von Moor ist nun der Name eines Verbrechers.

Max: Karl von Moor wird nun gesucht, ok. (Nach einer Pause.) Aber was soll die Räuberbande? Was sucht er hier? Freiheit, sagte unser Lehrer.

Roman (aufgebracht und brüllt): Martin, lass' uns doch mit deinem Gequatsche in Ruhe. Wir sind hier, um zu proben!

Oleg (ebenfalls zornig): Wenn ihr aber mal was Richtiges über Freiheit hören wollt, könnten Roman und ich einiges erzählen, was nicht in eurem Schiller steht.

Roman (sehr traurig): Mein Vater zum Beispiel, ist am 19. Februar 2014 auf dem Maidan in Kiew von sogenannten Sicherheitskräften der Regierung erschossen worden. 800 000 Ukrainer haben dort für Freiheit gekämpft. 100 sind erschossen worden. 1 000 Demonstranten, auch mein ältester Bruder, sind angeschossen oder verprügelt worden. (Roman schlägt die Hände vors Gesicht.)

Martin (erschrocken): Ach Roman, ich hab' das nicht gewusst. Warum hast du nie etwas gesagt?

Oleg (immer noch aufgebracht): Meine Familie wohnt in Donezk. Die eine Hälfte kämpft für ihre Freiheit in der Ukraine. Die andere Hälfte sucht ihre Freiheit in Russland. Der eine Onkel ist in Russland verschwunden. Ein anderer Onkel ist von Soldaten der Freiwilligen Armee aus der Ukraine erschossen worden.

Max (wendet sich zu Martin): Martin, dass meinte ich vorhin. Freiheit ist das wichtigste Gut. Für Freiheit sind schon Millionen Menschen gestorben. Und Menschen sterben auch heute noch immer im Kampf für Freiheit. Karl von Moor sucht doch nicht Freiheit in dieser bekloppten Räuberbande.

Martin (wirkt hilflos): Jungs, lasst uns trotzdem weiter proben.

Max (versucht einen Spaß, um die Situation zu retten): Robin Hood ist gut. Hatte auch 'ne Räuberbande. Vor allem aber ein gutes Motiv. Der Film mit Errol Flynn und Olivia de Havilland ist der Lieblingsfilm meines spießigen Vaters.

Martin (legt den Kopf in die Hände): Auf was hab' ich mich da nur eingelassen? Diese Aufführung wird eine Katastrophe. Eure Bewährung steht auf dem Spiel. Denkt da mal drüber nach. Max, du gibst jetzt bitte, bitte alles und sprichst deine Szene noch mal.

Max geht nachdenklich und sehr ernst an seinen Platz.

Karl von Moor: Unglücklicher Bruder! Nur kürzlich muss ich dir melden, dass deine Hoffnung vereitelt ist – du sollst hingehen, lässt dir der Vater sagen, wohin dich deine Schandtaten führen. Auch, sagt er, werdest du dir keine Hoffnung machen, jemals Gnade zu seinen Füßen zu erwimmern, wenn du nicht gewärtig sein wollest, im untersten Gewölb seiner Türme mit Wasser und Brot so lang traktiert zu werden, bis deine Haare wachsen wie Adlerfedern und deine Nägel wie Vogelklauen werden. Das sind seine eigenen Worte. Er befiehlt mir, den Brief zu schließen. Leb wohl auf ewig. Ich bedaure dich – Franz von Moor.

Martin (sehr bewegt): Genauso hat es sich Schiller vorgestellt, großartig Max. Nächsten Montag gleicher Ort, gleiche Zeit.

2. Szene

Max trifft Aicha im Park. Sie trägt die Haare offen und ist modisch gekleidet. Sie beobachtet ihre kleine Schwester auf dem Spielplatz. Sie umarmen sich.

Aicha: Max, was ist los? Du siehst so traurig aus.

Max: Mein Vater will mit seinem kriminellen Sohn nichts mehr zu tun haben. Und dann noch eine Muslimin als Freundin. Er sieht seine Karriere als Presbyter und kommenden Laienprediger bedroht. Moped ist weg. Geld bekomme ich nicht mehr. Ich hab' Hausverbot.

Aicha (nimmt Max in die Arme): Das ist ja schrecklich. Was machst du denn jetzt?

Max (trotzig): Mein Bruder Patrick ist nun Papas Liebling. Er ist vorhin voller Stolz mit seinem neuen Auto an mir vorbeigefahren. Bin bei Roman und Oleg in der alten, leer stehenden Fabrik.

Aicha (traurig): Aber unsere Liebe, unsere Pläne? Wir wollen doch nach deinem Abi zu deinem Onkel nach Afrika.

Max (über sein Gesicht huscht ein Lächeln): Ja, mein Onkel Rainer. Er hat schon lange mit der Familie gebrochen. Ich hab' mit ihm telefoniert. Wir sollen zu ihm nach Afrika kommen. Er baut gerade Brunnen in seinem Friedensdorf. Er kann Hilfe gut gebrauchen.

Aicha: Als Rainer im letzten Jahr hier war, hat er nur von seinen Plänen erzählt. Ist er mit den Lehmhäusern weitergekommen?

Max: Die ersten Häuser aus Lehm sind fertig. Er hat einen alten Mann gefunden, der noch die traditionelle Bauweise kennt. Sie mischen Lehm mit kleingeschnittenem Stroh und machen daraus Lehmziegel. Die Dächer decken sie mit Stroh ab. Die dicken Lehmwände halten die Hitze aus den Häusern.

Aicha: Er ist förmlich besessen von der Idee, ein Dorf zu gründen, wo Menschen jeder Hautfarbe, egal welcher Religion friedlich miteinander leben.

Max: Sein Dorf in Nordafrika soll, wie früher Timbuktu, ein Ort der Toleranz sein.

Aicha: Rainer hatte mich gefragt, ob ich nicht die Kinder in

Religion unterrichten will. Wir sollen das Gemeinsame suchen und nicht das Trennende.

Max (spöttisch): Das Trennende haut man ja uns gerade kräftig um die Ohren.

Aicha (nimmt Max in die Arme): Ach Mäxchen, wenn sich alles wieder beruhigt hat, möchte ich gerne meine Mutter für ein paar Wochen zu uns nach Afrika einladen. Sie hat noch als junges Mädchen in ihrem Dorf gelernt, Kleidung selbst herzustellen. Sie könnte uns gute Tipps geben.

Max (zweifelnd): Ob die Nalan kommen darf? Dein Vater ist schon sehr konservativ. Aber eine Aussöhnung mit deiner Familie wäre ein Traum. (Max dreht sich um.)

Aicha: Auch mit deiner Familie wird alles gut werden. Du bist doch ihr Sohn.

Max (sehr traurig): Vergiss es. Zum Abschied hat mir mein Vater nachgerufen, wir beide würden ganz sicher wie Bonnie und Clyde im Kugelhagel der Polizei enden. (Er schweigt ein paar Minuten, Aicha wirkt hilflos.) Ufuk studiert ja Informatik und hat Rainer im letzten Jahr einen Blog eingerichtet. Rainer postet wöchentlich über sein Dorf. Er hat inzwischen überall Followers. Aus Israel haben sich zwei Studenten gemeldet, die Biologie studieren.

Aicha: Ich war in meinem Leistungskurs Bio Beste und hatte auch lange überlegt, Biologie zu studieren.

Max: Aaron und David sind echt krass. Ihr Professor in Tel Aviv versucht, wüstentaugliche Bäume und Pflanzen zu züchten. Sie kommen in den Semesterferien und bringen Samen und kleine Pflanzen mit.

Aicha: Die beiden helfen mir bestimmt, traditionelle Pflanzen zu finden und anzubauen. Unser Dorf muss sich selbst versorgen können.

Max: Deswegen sind die Brunnen so wichtig, er braucht da dringend Hilfe.

Aicha: Ist das Problem mit der Stromversorgung gelöst?

Max: Nächsten Monat kommt Kimberley. Sie studiert in Kapstadt Elektrotechnik. Sie will mit zwei Jugendfreunden aus Soweto ein Stromsystem aufbauen, das nur mit Sonne funktioniert. Dann kann der alte Dieselgenerator weg.

Aicha: Ich muss aber noch zu Hause einiges vorbereiten. Es darf niemand etwas merken.

Max: Ich besorg uns Geld für die Fahrt. Nach der Aufführung von Schillers Räuber verschwinden wir. Wegen des Stadtfestes wirst du erst am nächsten Tag vermisst. Dann sind wir schon weit weg.

Aicha: Aber wie willst du an Geld kommen? Max, mach keine Dummheiten. Meine Mutter gibt mir bestimmt etwas Geld. Wir haben doch uns. Wir brauchen kein Geld.

Sie fallen sich in die Arme und küssen sich. Ufuk beobachtet empört den Kuss. Er hat den größten Teil des Gesprächs mitbekommen und eilt sofort zu seinem Vater, dem Vorsitzenden der türkischen Gemeinde. Er berichtet dem Vater, dass seine Tochter einen Ungläubigen liebt und in aller Öffentlichkeit geküsst hat. Ausführlich schildert er dem Vater, dass Aicha und Max nach Afrika wollen, um dort ihre Träume zu verwirklichen.

3. Szene

Martin und Aicha im Jugendzentrum. Aicha wie immer modisch gekleidet, sie trägt die Haare offen.
Martin hat diverse Zettel in der Hand.

Martin: Aicha, wir wollen heute über die Rolle der Amalia sprechen.

Aicha: Ich schaff' das nicht. Am Anfang total lieb und dann am Schluss so krass.

Martin (schmunzelt): Genau deswegen sind wir hier. Aicha, mach' dich nicht so klein. Du hast ein glänzendes Abi gebaut. Wie ich von Max höre, begeistert dich dein Studium der Religionswissenschaft total.

Aicha (lächelt): Ach ja der Max …

Martin: Ich lese dir mal vor, was Schiller in seiner eigenen Rezension über Amalia schreibt.

Aicha (verzweifelt): Bitte Martin mit deinen Worten, diese Sprache verfolgt mich schon im Schlaf.

Martin: Nun gut, Schiller bezeichnet Amalia als das sanfte, schmachtende, empfindsame Ding, das in den ersten 3 Akten durchaus zu wenig handelt.

Aicha (nachdenklich): Ich spiele mich also selbst: die brave türkische Tochter.

Martin: Schiller schreibt, aber vom vierten Akt an, mit der Gegenwart ihres Geliebten, fängt die interessante Epoche des Mädchens an. Sie glänzt in seinem Strahle, erwärmt sich an seinem Feuer, schmachtet neben dem Starken, und ist Weib neben dem Mann.

Aicha (ironisch): Dann wollen wir mal hoffen, dass ich mich nicht an seinem Feuer verbrenne.

Martin: Um diese sanfte Seite der Amalia zu üben, lass uns die Szene mit dem alten Moor und Amalia spielen. Ich habe auch diese Szene auf das Wesentliche gekürzt.

Martin spielt in der geplanten Aufführung den Vater Moor. Er setzt sich in den Lehnsessel und stellt sich schlafend.

Amalia (sachte herbei schleichend): Leise, leise! Er schlummert. Wie ehrwürdig, wie schön. Nein, nein, ich kann dir nicht zürnen.

Der alte Moor (träumend): Mein Sohn! Mein Sohn!

Amalia (ergreift seine Hand): Horch, horch! Sein Sohn ist in seinen Träumen.

Der alte Moor: Bist du da? Karl, bist du es wirklich? Wie siehst du so elend aus? Sieh mich nicht mit diesem kummervollen Blick an.

Amalia (weckt ihn vorsichtig): Steht auf lieber Greis! Ihr träumtet nur. Fasst euch.

Der alte Moor: Mir träumte von meinem Sohn Karl. Wo ist er, drückte ich nicht seine Hände? Garstiger Franz, willst du ihn auch meinen Träumen entreißen?

Amalia (nimmt seine Hand): Wie ist es euch, ihr schliefet einen erquickenden Schlaf?

Der alte Moor: Warum hab' ich nicht fortgeträumt? Vielleicht hätt' ich Verzeihung erhalten aus seinem Mund.

Amalia (mit Wehmut): Engel grollen nicht – er verzeiht euch.

Martin (steht auf und reckt sich): Du spielst diese Seite der Amalia wunderbar.

Unbemerkt ist Max eingetreten und hat den letzten Satz der Amalia mitbekommen. Er stellt sich in eine Ecke und verfolgt die weitere Probe.

Aicha: Wenn ich an die Todesszene denke, wird mir schlecht. Wie soll ich diesen Wechsel schaffen?

Martin: Ich helfe dir, ich bin hinter der Bühne. Du wirst in der Todesszene, wie von Schiller verlangt, *mit fliegenden Haaren* auf die Bühne stürzen.

Aicha (verzweifelt): Ich kann ja den Text. Aber ich kann hier nicht allein spielen. Der Raum ist so leer. Es geht, wenn überhaupt, nur mit Max zusammen.

Max (schmunzelt und tritt vor): Dein Mäxchen ist schon da.

Aicha und Max fallen sich in die Arme und küssen sich.

Martin (räuspert sich): Aicha, du musst hier in der Todesszene eine ganz andere Amalia sein. Keine Demut, keine Angst mehr. Du bist jetzt eine starke Frau, viel stärker, als es sich Schiller vorgestellt hat. Wenn du

Karl nicht bekommen kannst, dann wählst du freiwillig den Tod. Verstehst du Aicha, der Tod ist keine billige Verzweiflungstat, der Tod ist alternativlos. Du musst 'rüberbringen, dass du diese Entscheidung frei und unabhängig triffst.

Aicha und Max holen tief Luft und begeben sich auf ihre Plätze. Aicha geht nach draußen und stürzt mit fliegenden Haaren auf die Bühne.

Amalia: Oh um Gottes willen, um aller Erbarmen willen. Ich will ja nicht Liebe mehr, Tod ist meine Bitte nur.

Martin (greift ein): Nein, nein, Aicha. Nicht so weinerlich. Du bittest nicht um den Tod. Noch mal Aicha, du verlangst, getötet zu werden. Hier will ich den Schiller extrem modern machen, unsere Amalia ist eine starke Frau.

Amalia (atmet durch): Oh um Gottes Willen, um aller Erbarmen willen. Ich will ja nicht Liebe mehr, Tod ist meine Bitte nur. Ziehe dein Schwert und ich bin glücklich.

Karl von Moor: Fort, ich töte kein Weib.

Martin: Max, nach »Fort, ich töte kein Weib«, stößt du

Amalia zurück. Sie stürzt und liegt dann am Boden. Nochmal …

Amalia: Oh um Gottes Willen, um aller Erbarmen willen. Ich will ja nicht Liebe mehr, Tod ist meine Bitte nur. Ziehe dein Schwert und ich bin glücklich.

Karl von Moor: Fort, ich töte kein Weib. *Er stößt Amalia zurück. Sie stürzt und liegt am Boden.*

Amalia: Du kannst nur die Glücklichen töten, an den Lebenssatten gehst du vorüber.

Amalia (kriecht zur Tür und ruft): Ihr Räuber, ihr Schüler des Henkers. Kommt herbei, erbarmt euch meiner und tötet mich. Euer Meister ist ein eitler feiger Prahler.

Karl von Moor (brüllt und zieht das Schwert): Halt, wage es keiner. Moors Geliebte soll nur durch Moor sterben. (Karl von Moor sticht zu.)

Martin (leidenschaftlich): Gut, gut ihr beiden. Max, nach dem Stoß wirfst du das Schwert weg. Schiller fordert, dass Karl mit starrem Blick auf Amalia guckt. Noch mal mit »Halt, wage es keiner …«

Karl von Moor: Halt, wage es keiner. Moors Geliebte soll nur durch Moor sterben. (Karl von Moor sticht zu. Er wirft das Schwert weg und guckt mit starrem Blick auf Amalia.) Sie ist getroffen! Dies Zucken noch und dann wird's vorbei sein. Ich hab' einen Engel geschlachtet.

Martin: Max, ganz stark. Nach *ich hab' einen Engel geschlachtet,* gehst du ruhig, ganz ruhig zur Tür. Das Licht wird ausgehen, der Vorhang fällt und die Vorstellung ist vorbei.

Martin (umarmt die beiden und ist sichtlich bewegt): Wir wollen beim nächsten Mal alles durchspielen, eine Art Generalprobe. Sagt den anderen Bescheid. Montag 14 Uhr.

Aicha und Max gehen Hand in Hand nach draußen. Martin schaut ihnen sorgenvoll nach.

4. Szene

Max, Roman und Oleg in der alten Fabrik. Matratzen,
Stühle, ein Tisch, das Nötigste halt.

Roman: Wir haben nichts zu essen. Nichts zu trinken. Weiß
gar nicht mehr wie 'ne Kippe schmeckt. Wir brauchen Geld. Max, du wolltest doch von deiner Mutter
'nen Fuffi holen?

Max (schnippisch): Sie ließ mir ausrichten, ihr geliebter Sohn
Max sei vor einem Monat gestorben.

Oleg (sehr bestimmend): Wir holen uns heute Abend bei
Ufuks Onkel Geld. Der Memed ist um die Zeit noch
in der Teestube. Der Laden ist um die Zeit leer. Die
Frau von der Kasse putzt hinten das Klo. Das Fenster
im Lager ist immer auf Kippe. Alles ganz easy.

Max (empört): Da mach' ich aber nicht mit. Ufuk ist mein
Freund. Er gehört doch zu uns. Wir überfallen nie-
manden. Vor allem nicht Memed.

Oleg (guckt mitleidig auf Max): In der Kasse ist auch das
Geld für den Großmarkt und die Rate für seinen

Transporter. Wir setzen uns einfach Masken auf. Uns erkennt keiner. In fünf Minuten sind wir wieder weg. Und dann ist das alles hier Vergangenheit.

Max (verzweifelt): Wenn uns die Frau bemerkt? Wenn Sie um Hilfe schreit?

Roman (ganz cool): Mein Bruder hat 'ne Schreckschusspistole. Da wird niemand schreien. Die Knarre wirkt absolut echt. Die Kasse schnappen und dann weg.

Max (geschockt, kann kaum sprechen): Das wird ja immer schlimmer. Ein bewaffneter Überfall. Ein paar Jahre Bau warten auf uns.

Oleg (beruhigend): Die Pistole ist doch nur Fake.

Roman: Musst ja nicht mitmachen, ist eh nur was für harte Typen. Endlich genug Geld und dann auf und davon.

Max dreht sich um und verlässt schockiert den Raum.

Roman und Oleg beginnen zu rappen:

> Ah, heute lass ich den Job (Job)
> Gott, ich hasse den Trott (Trott)

Noch so 'n paar Tage mehr

Man ich schwör, dann platzt mir der Kopf

Immer nur funktionier'n nach Regeln und Listen

Will inmitten der Schnappschüsse mal das Leben
erwischen

Und ich bin weg, weit weg, da wo dir Fehler ver-
zeihbar sind

An den Ort, wo wir mit 16 dachten, wo wir mit 30
sind

Kein Ärger und Mist, dann als merkten wir 's nicht

Alltag ist Treibsand, du steigst ab, je stärker du trittst

Immer nur langleben von Mahnung zu Mahnung
und Ratenabzahlung

Für ein Mal im Jahr, 14 Tage Malle

Ich bin raus, kann schon nach dem Ende 'nen Anfang
sehen

Ganz egal, wie lang der Fall, solange die Landung steht

Vielleicht Saint-Tropez, vielleicht weit hinter den
Bergen

Vielleicht nur Bielefeld, doch dort, wo noch Grinsen
was wert ist

Endlich Laufen lernen

Endlich angefangen, aufzuhör'n (Ah)

Und heute bin ich aufgewacht

Augen aufgemacht

Sonnenstrahlen im Gesicht, halte die Welt an
Und ich bin auf und davon (Hey)
Auf und davon (Hey)
Auf und davon (Hey)

Und heute bin ich aufgewacht
Augen aufgemacht
Sonnenstrahlen im Gesicht, halte die Welt an
Und ich bin auf und davon (Hey)
Auf und davon (Hey)
Auf und davon (Hey)

5. Szene

Im Laden von Memed räumt Aicha Ware ein. Sie trägt ein langes schwarzes Kleid und einen schwarzen Schleier, bei dem ihre Augen durch den Sehschlitz gerade noch zu sehen sind.

Die Tür geht auf, Ufuk kommt herein. Er ist nicht wiederzuerkennen, schwarze Hose, weißes Hemd, schwarze Schuhe, Goldkettchen an der Hand und um den Hals. Aus den wilden Haaren mit Zopf ist ein modischer Kurzhaarschnitt geworden.

Ufuk (böse): Wo ist Onkel Memed? Du sollst doch nicht mehr ohne Aufsicht sein.

Aicha (trotzig): Er ist schon zur Teestube gegangen. Warum hast du mich verraten?

Ufuk (voller Stolz): Ich komme ins Paradies. Ich habe meine Schwester gerettet. Ich habe die Ehre der Familie wiederhergestellt.

Aicha (zornig): Max ist dein bester Freund. Er hat für dich gelogen. Ohne seine Lüge wärst du wegen deiner Autorennen im Gefängnis.

Ufuk (salbungsvoll): Max war mein bester Freund, das ist wohl wahr. Der Satan hat versucht, mich durch diesen Max zu verführen.

Aicha (lacht): Und unser Imam, frisch aus der Türkei importiert, hat dich gerettet!

Ufuk (sehr ernst): Ja, ich bin durch seine Worte anders geworden. Sie haben mir die Augen geöffnet.

Aicha: Du hast dein duales Studium abgebrochen. Du hast deine glänzende Zukunft weggeschmissen. Jetzt arbeitest du hier im Laden.

Ufuk (faltet die Hände): Ich hab hier meine Bestimmung gefunden. Mein Weg wird Allah gefallen. Ich fahre morgen früh mit dem Onkel zum Großmarkt. Wir räuchern danach noch den Fisch. Für Memeds Schillerlocken kommen die Leute von weit her.

Ufuk (stellt sich vor Aicha und droht ihr mit der Faust): Morgen Abend fahren wir beide zum Flughafen nach Frankfurt. Dann ab in die Türkei, der Himmel wartet auf dich.

Aicha (schlägt die Hände vors Gesicht): Dieses Dorf in Anatolien ist nicht der Himmel. Es ist die Hölle auf Erden. Ich will da nicht hin, ihr zerstört alle meine Träume.

Ufuk (geht zur Eingangstür und schließt ab): Es kommt sowieso keiner mehr. Ich fahre kurz tanken und hole dich dann ab.

Ufuk verlässt den Laden. Aicha wartet, bis er weggefahren ist. Dann holt sie aus ihrer Tasche eine CD und geht zu Memeds altem CD-Player. Zu »What About Us« von Pink räumt sie weiter die Ware ein. Als der Song fast zu Ende ist, kommen drei maskierte Männer in den Laden gestürmt. Einer fuchtelt mit einer Pistole 'rum, macht den CD-Player aus und schreit Aicha an.

Räuber (mit der Pistole): Die Kasse. Aber schnell. Geld in die Tüte.

Der Räuber mit der Pistole steht am Regal und richtet die Pistole auf Aicha. Aicha zittert, setzt sich an die Kasse und holt das Geld heraus. Ein anderer Räuber nähert sich mit einer Plastiktüte.
Plötzlich kommt Memed herein. Er versteht sofort, was gerade geschieht.

Memed (brüllt): Ihr Strolche, ihr beraubt mich nicht. Ich mach' euch alle.

Memed ergreift ein großes Schlachtermesser und stürzt sich auf den Räuber mit der Pistole und den Räuber, der neben ihm steht. Beide Männer flüchten Hals über Kopf.

Memed (stößt ein triumphierendes Gelächter aus und dreht sich zu dem Räuber an der Kasse): Jetzt bist du miese Ratte dran!

Aicha greift in die Schublade unter der Kasse, holt eine Pistole heraus und gibt sie dem Räuber mit der Tüte.

Aicha (weint): Max, was macht du bloß?

Der Räuber an der Kasse zuckt bei ihren Worten zusammen und nimmt die Pistole sehr zögernd an. Memed hat ihn erreicht und holt zum Schlag aus. Der Räuber duckt sich und springt weg. Im Fallen löst sich ein Schuss. Memed bricht zusammen.

Ufuk (kommt rein, ist schockiert. Er kniet neben Memed, fühlt seinen Puls, sagt sehr traurig): Der ist mausetot.

Ufuk steht auf und geht zu Aicha. Er reißt ihr den Niqab vom Kopf.

Der Räuber (mit der Pistole in der einen und der Tasche in der anderen Hand schreit auf): Aicha, mein Gott. Was hab' ich getan?

Max wirft Pistole und Tüte zu Boden und rennt weg.

6. Szene

Max hat sich auf dem Dachboden der alten Fabrik ver-
steckt. Es ist dunkel, eine alte Petroleumlampe wirft ein
schwaches Licht in den Raum. Roman und Oleg sind
untergetaucht. Max wird von der Polizei gesucht.
Ufuk soll Aicha zu den Verwandten in die Türkei brin-
gen. Er hat sich von ihr überreden lassen, an der Fabrik
zu halten. Aicha bekommt fünf Minuten, um Abschied
von Max zu nehmen. Voll verschleiert und schwarz ge-
kleidet betritt sie den Raum.

Max (erschrocken): Aicha, was willst du hier? Ich bin ein
Mörder. Ich hab' deinen Onkel erschossen.

Aicha (nimmt Max in die Arme): Memed hätte dich gekillt.
Ich hab' dir die Pistole gegeben, damit du dich vertei-
digen kannst. Auch ich hab' Schuld an seinem Tod.

Max: Es ist alles aus dem Ruder gelaufen. Wir wollten doch
nur das Geld und dann weg.

Aicha (resigniert): Ufuk bringt mich zum Flughafen. Morgen
Mittag fliegen wir zu unserer Familie in die Türkei.
Ufuk gibt mir fünf Minuten zum Abschiednehmen.

Max (verzweifelt): Ich wollte nicht mitmachen. Die beiden haben mich als Verräter beschimpft. Wir hätten doch schon im Kindergarten Blutsbrüderschaft geschlossen.

Aicha (sehr ernst): Meine Verwandten sind schlimmste Traditionalisten. Es ist dort wie im Mittelalter. Nur beten, beten, beten. Alle Frauen tragen eine Burka. Mein Vater meint, dass nur dort die Ehre der Familie wiederhergestellt werden kann. Nur dort würde ich meinen Glauben wiederfinden.

Max: Wenn es geklappt hätte, hätten wir genug Geld für Afrika gehabt. Ich hab' es doch für uns getan.

Aicha (empört): Dabei habe ich meinen Glauben überhaupt nicht verloren. Wenn der Imam dieser furchtbaren Gemeinde mit meiner Gehirnwäsche zufrieden ist, muss ich im kommenden Jahr einen entfernten Verwandten heiraten. Ich kenn' den Mann überhaupt nicht. Der ist noch nie aus dem Dorf 'raus gekommen.

Draußen hupt Ufuk wie wild, Polizeisirenen ertönen.

Aicha (lächelt): Meine Mutter hatte mir für Afrika ihr heimlich gespartes Geld gegeben. Mäxchen, hatte ich dir schon mal erzählt, dass Aicha *die Lebendige und die Lebenslustige* heißt?

Max (hilflos): Ich hab' unsere Träume zerstört.

Man hört Stimmen im Treppenhaus. Jemand hämmert an der Tür. Die Rufe »Polizei – Aufmachen« werden lauter.

Aicha (sehr entschlossen): Max, es ist nun Zeit zu gehen.

Aicha reißt ihren Niqab runter. Max bricht mit einer Eisenstange eine große Tür auf. Hier wurde früher die Ware angenommen, die außen mit einem Kran hochgezogen worden war. Aicha löscht die Lampe. Sie geht zu Max und greift nach seiner Hand. Beide gehen ruhig zu der offenen Tür. Polizisten schlagen die Tür ein. Aicha und Max küssen sich und lassen sich in die Tiefe fallen.

What About Us

Wir sind Scheinwerfer, wir können im Dunkel sehen.
Wir sind Raketen, ausgerichtet auf die Sterne.
Wir sind Milliarden wunderschöner Herzen.
Und ihr habt uns verraten und verkauft.

Was ist mit uns?
Was ist mit den ständigen Behauptungen, ihr hättet die Antworten?
Was ist mit uns?
Was ist mit all den Plänen, die in Katastrophen enden?
Was ist mit Liebe? Was ist mit Vertrauen?
Was ist mit uns?

Wir sind Probleme, die gelöst werden wollen.
Wir sind Kinder, die geliebt werden müssen.
Wir waren bereit, wir kamen, wenn ihr rieft.
Aber Mann, ihr habt uns verraten und verkauft, genug ist genug, oh.

Was ist mit uns?
Was ist mit den ständigen Behauptungen, ihr hättet die Antworten?
Was ist mit uns?

Was ist mit dem gescheiterten Glücklich-Sein für immer?
Was ist mit uns?
Was ist mit all den Plänen, die in Katastrophen enden?
Was ist mit Liebe? Was ist mit Vertrauen?
Was ist mit uns?

Was ist mit uns?
Was ist mit all den Plänen, die in Katastrophen enden?
Was ist mit Liebe? Was ist mit Vertrauen?
Was ist mit uns?

Stöcke und Steine können diese Knochen vielleicht brechen,
Aber dann bin ich bereit, seid ihr es auch?
Das ist unser Start, wacht auf, auf geht's.
Seid ihr bereit? Ich werde bereit sein.
Ich will keine Kontrolle, ich will loslassen.
Seid ihr bereit? Ich werde bereit sein.
Denn jetzt ist es Zeit, sie wissen zu lassen, wir sind bereit.
Was ist mit uns?

Was ist mit uns?
Was ist mit den ständigen Behauptungen, ihr hättet die Antworten?
Was ist mit uns?
Was ist mit dem gescheiterten Glücklich-Sein für immer?
Was ist mit uns?

Was ist mit all deinen Plänen, die in Katastrophen enden?
Was ist mit Liebe? Was ist mit Vertrauen?
Was ist mit uns?

Was ist mit uns?
Was ist mit uns?
Was ist mit uns?

Was ist mit uns?
Was ist mit uns?
Was ist mit uns?

Die Kleidung der muslimischen Frau

Sure 24, Vers 31 im Koran lautet:

> *Und sag den gläubigen Frauen, sie sollen ihre Augen niederschlagen, und ihre Keuschheit bewahren, den Schmuck, den sie am Körper tragen, nicht offen zeigen, soweit er nicht sichtbar ist, ihren Schal sich über den Schlitz des Kleides ziehen und den Schmuck, den sie am Körper tragen, niemanden offen zeigen, außer ihrem Mann.*

Es gibt im Koran nur die eher allgemein gehaltene Aussage, dass die Muslimin sich dezent kleiden soll. Wer was wie verhüllt, ist auch kulturell geprägt.

Es gibt vier Arten, das Kopftuch zu tragen:

Beim **Tschador** wird noch ein Stück des Haars gezeigt.

Beim **Hijab** wird das Haar nicht gezeigt.

Beim **Niqab** ist das ganze Gesicht bis auf einen Sehschlitz verhüllt.

Bei der **Burka** ist das ganze Gesicht verhüllt.

Es gibt aber auch muslimisch geprägte Länder, in denen Frauen ohne Verhüllung ganz selbstverständlich zum öffentlichen Bild gehören.

Quellennachweis

Friedrich Schiller: Die Räuber, Reclams Universal-Bibliothek, Nr. 15, 1969, Druck 2018

Im Vorwort stammen die Hinweise zu den bisherigen Aufführungen aus: *Der große Schauspielführer,* herausgegeben von Klaus Völker, Bassermann Verlag, Faktum Lexikon Institut

Anhang, *Die Kleidung der Muslimin*, zitiert aus dem Beitrag von Hüseyin Topel, www.deutschlandfunk.de/kleidung-und-kopftuch-kein-zwang-für-niemand.88......

Songtext: *Auf und Davon-Casper,*
zitiert nach www.songtexte.de

Songtext: *What About Us* von Pink,
zitiert nach www.songtexte.com

*Dank gilt meiner Freundin Claudia für unendlich viele
Gespräche und das wunderschöne Cover des Buches.*

*Ein ganz besonderes Dankeschön an Lena für die
»Übersetzung« des Manuskriptes in die Sprache der Jugend
und für die Beratung bei der Auswahl der Songs.*

Vom selben Autor ist im BoD-Verlag erschienen:

Hermann Richter *So war das eben in meinem Leben*

Erinnerungen eines »*braven*« Sohnes, der es versäumt hat, mehr aus seinen Talenten und Begabungen zu machen. Der aber die Hoffnung auf ein Happy End nie verloren hat.

ISBN: 978-3-7392-9300-4

.